池上彰が解説したい！ 国民・移民・難民

3 難民って、なに？どうして困っているの？

監修／池上 彰
著／稲葉 茂勝　編／こどもくらぶ

はじめに

最近、「難民」という言葉がテレビや新聞をにぎわしています。とくによく聞くのが、「シリア難民」です。

2011年3月にシリアで紛争がはじまってから、すでに7年が過ぎました。2018年現在、シリアの人口の半数が家を破壊されて、600万人以上が国内で、さらに550万人以上が、UNHCR（国連難民高等弁務官事務所）により「シリア難民」として登録され、国外で避難生活を送っています。

シリア難民のほとんどが、近隣のトルコ、イラク、レバノン、ヨルダン、エジプトへ避難。レバノンでは、人口の4分の1は、シリア難民です。

●難民の出身国（多い順）

シリア	629万908人
アフガニスタン	262万1091人
南スーダン	243万9848人
ミャンマー	110万6555人
ソマリア	98万6382人
スーダン	69万1430人
コンゴ民主共和国	61万1875人
中央アフリカ共和国	54万5525人
エリトリア	46万4136人
ブルンジ共和国	43万9329人
日本	50人

出典：UNHCR「年間統計報告書（2017）」

中東やアフリカの国が多いが、ミャンマーは日本に比較的近い東南アジアの国。

シリア難民の生活は非常に苦しく、多くの幼い子どもたちが栄養失調で死んでいきます。学校へいく年齢の子どもの半数以上が学校に通っていません。それが長いあいだ続いていて、教育を受けられずに年を重ねていく子どもが、どんどん増えています。

UNHCRの調査によると、2017年末の世界じゅうの難民の57％以上がシリア（630万人）、アフガニスタン（260万人）、南スーダン（240万人）出身でした。

ところで、2016年3月29日、サッカーの日本代表は、ワールドカップ・ロシア大会アジア2次予選最終戦でシリア代表と対戦。5-0で勝利し、1位通過を決めました。この大差の勝利に、日本じゅうが歓喜に包まれました。

しかし、シリアの選手たちの背景に、国が崩壊しているという現実があったことを知っている日本人がどれほどいたでしょうか。

2016年、オリンピック・リオデジャネイロ大会では、難民選手団が登場し、注目されました。「難民選手団」とは、IOC（国際オリンピック委員会）が難民にも出場機会をあたえようとして、この大会ではじめて結成した難民の選手団です（→p27）。シリアやコンゴ民主共和国などの出身者で、難民として国外に逃れた選手10人が参加しました。

写真：ロイター/アフロ

2016年、オリンピック・リオデジャネイロ大会会場に入場する「難民選手団」。

トルコにあるシリア難民キャンプ。

さて、「難民」とは、どのような人をさすのでしょう？ 多くの人が「紛争などから命を守るために自分の国を出てきた人」というように、なんとなくわかっていますが、それ以上のこととなると、よくわからないのではないでしょうか？

しかし、日本も日本人も、国際社会の一員として、難民問題に真正面から向きあっていかなければなりません。

じつは、このシリーズ「池上彰が解説したい！ 国民・移民・難民」は、もともとは「難民」とはどういう人たちで、どんな状態をいうのかなどについて考えてみようと企画したものです。

ところが、人びとが外国へいって住みつくことを「移民」といいますが、その移民と難民はどうちがうのか？ ある国の国民が外国の国民になるとは、どういうことなのか？ といった疑問は、そもそも「国民」とはなにかをしっかり理解していないと答えられません。

というわけで、このシリーズでは、次の3巻にわけて、順序立てて基礎からしっかりまとめることにしました。

❶ 国民って、なに？ どういうこと？
❷ 移民って、なに？ どうして移住するの？
❸ 難民って、なに？ どうして困っているの？

ぜひ、あなたには、サッカーなどの国際試合を見るとき、難民が多く出ている国について考えていただきたいと思います。そして、難民問題について、自分のできることも考えてもらえると、とてもうれしいです。

なお、日本がシリアに5-0で勝利した試合は、ある日本選手のサッカー国際Aマッチ100試合出場達成を祝って、大騒ぎとなりました。でも、それも、シリアの国情や選手たちの背景を知っているのと知らないのとでは大ちがい！ あなたには、より広い視野と知識で、ものの見方を養っていってほしいと強く願っています。

子どもジャーナリスト 稲葉茂勝
Journalist for Children

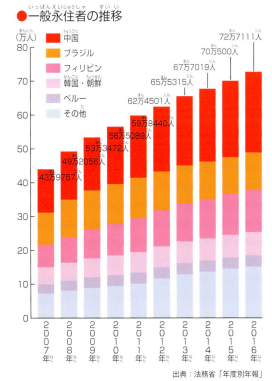

●一般永住者の推移

出典：法務省「年度別年報」

海外から日本へきた一般永住者の数は年ねん増えている。なかでも、アジア圏が多い。

もくじ

1 「難民」という言葉……6
①用語の意味　②「難民の地位に関する条約（難民条約）」とは？
③「経済難民」「環境難民」「紛争難民」　④「国内（避）難民」

2 各国の難民流出の実情……10
①世界の難民の数　②シリア難民の背景
③アフガニスタン難民の背景　④南スーダン難民の背景

■ パレスチナ難民とクルド人難民……13
■シオニズムとパレスチナ難民
■独自の国家をもたない世界最大の民族・クルド人

■ 地図で見る難民発生状況……14

3 難民の受け入れ義務と現在……16
①国連の見解　②シリアの隣国では？

4 ヨーロッパの難民受け入れ状況……18
①陸路と航路　②なぜドイツをめざすのか？　③最近のドイツの状況
④EU加盟国内での温度差

5 日本の難民受け入れ……22
①日本も難民を受け入れていた!?　②今の日本の難民事情
③日本政府の難民への取り組み　④日本政府のうったえとその反応

■ 難民問題への世界の取り組み……26
■世界難民の日　■「難民選手団」

■ さまざまなイスラム過激派……28
■イスラム原理主義と過激派

● 難民問題、わたしたちにできること……29
■学ぶこと　■話しあうこと

■ 用語解説……30

■ さくいん……31

この本の見方と特徴

写真を大きく掲載！

そのページの内容を短い文でわかりやすく解説。

このテーマで考える場合のポイントをまとめてある。

このテーマでまとめて、しっかり解説してある1ページ、または2ページのコラム。

子どもだけでなく大人にも役立つように内容を精選した解説記事。

1 「難民」という言葉

最近、「難民」という言葉がよくつかわれます。それはシリア難民などの国際的な難民にかぎらず、「帰宅難民」や「就職難民」などさまざまです。まずは、「難民」という言葉の意味から考えてみましょう。

1 用語の意味

『大辞林』という辞書で「難民」を引くと、次のように書いてあります。
❶天災・戦禍などによって生活が困窮し、住んでいた土地を離れ安全な場所へ逃れて来た人々。
❷人種・宗教・政治的意見などを理由に迫害を受けるおそれがあるために国を出た人。亡命者。
❸転じて、何かから溢れてしまった人々を俗にいう語。「昼食―」「就職―」

また、『大辞泉』にも、『大辞林』の❶❷とほぼおなじように記されています。
❶天災・戦禍などによって、やむをえず住んでいる地を離れた人々。
❷人種・宗教・政治的意見の相違などによる迫害を避け、国外に逃れた人々。

ところが、この辞書の場合、「補説」として「日本で『帰宅難民』『買い物難民』などのように、さまざまな事情で困った状況にある人々を表すのに使うのは乱用とされる」と書かれています。

このシリーズでいう「難民」は、どちらの辞書でも、❷に書いてあるものです。

なお、朝日新聞の『朝日キーワード』は、「難民」について次のように解説しています。
難民条約（→右ページ）は「人種や宗教、国籍、政治的な意見などを理由に、迫害を受ける恐れがあるとして国外に逃れた人」と定義している。条約では紛争地からの避難者は含まれないが、各国の判断で難民と同様に人道的な保護を受けている。

「難」という漢字

「難」を漢和辞典で引くと、音読が「ナン」（ほかにもある）。訓読みは「むずか（しい）」「かた（い）」ほかで、意味は、①むずかしい、かたい、やりづらい。②わざわい、うれい、苦しみ、その他となっている。また、教育漢字で常用漢字、小学校6年生で習うとされている。

シリアからヨルダンの難民キャンプに避難してきた子どもたちとUNHCRのスタッフ。

UNHCR（国連難民高等弁務官事務所）とは？

第二次世界大戦後に広い地域で大量の難民が発生。設立まもない国連が中心となり、難民問題に取りくんだ。1949年に中東のパレスチナ難民の救済を目的とした「UNRWA（国連パレスチナ難民救済事業機関）」が設立され、続いて1950年にUNHCRが設立され、紛争や迫害により難民や避難民となった人びとを国際的に保護・支援し、難民問題の解決へ向けた活動をおこなってきた。本部はスイスにあり、現在、約130か国で援助活動をおこなっている。なお、1954年と1981年にノーベル平和賞を受賞している。

② 「難民の地位に関する条約（難民条約）」とは？

「難民条約」は、「難民の権利保護を目的とし、条約難民の地位、職業・福祉に関する待遇基準や行政上の援助措置、迫害のおそれのある国への追放・送還の禁止などを定めた国際条約」で、1951年に採択され、1954年に発効されました。日本は、1981年にこの条約に加入しました。

この難民条約の内容について、UNHCR（国連難民高等弁務官事務所）では、次のように説明しています。

難民条約の第1条で、難民とは「人種、宗教、国籍もしくは特定の社会的集団の構成員であることまたは政治的意見を理由に迫害を受けるおそれがあるという十分に理由のある恐怖を有するために、国籍国の外にいる者であって、その国籍国の保護を受けられない者またはそのような恐怖を有するためにその国籍国の保護を受けることを望まない者」と定義されています。

また、同条では、難民が難民ではなくなった場合の規定や、その人自身が平和に対する犯罪、戦争犯罪および人道に対する犯罪、難民として避難国へ入国することが許可される前に避難国の外で重大な犯罪（政治犯罪をのぞく）をおこなった場合には、難民条約が適用されないという規定がもうけられています。

また、難民条約には、難民の権利や義務についての規定があります。そのなかでもとくに保障されているものとして、①難民を彼らの生命や自由が脅威にさらされるおそれのある国へ強制的に追放したり、帰還させてはいけない（難民条約第33条、「ノン・ルフールマンの原則」）②庇護申請国へ不法入国しまた不法にいることを理由として、難民を罰してはいけない（難民条約第31条）という決まりごとがあります。どちらも難民に保護を保障し、生命の安全を確保するための大切な決まりです。　（UNHCRホームページより）

③ 「経済難民」「環境難民」「紛争難民」

7ページに記した国際法上の「難民」の正式な定義は、「迫害」を重視したものです。しかし、実際には「迫害」の対象となっている人だけでなく、国全体が戦争や紛争、テロの危険にさらされ、その被害や危険から逃れた人たちもふくまれています。

現在では、経済的に困っているため住んでいた土地を離れて国を出た「経済難民」や、環境破壊により住んでいる土地を離れざるを得なかった「環境難民」、争いにより住む土地を離れることになった「紛争難民」という言葉がつかわれるようになりました。EU（ヨーロッパ連合）では、戦争や紛争を逃れてきた人も「難民に準ずる者」として保護（補完的保護→p30）しています。アメリカやカナダなどにも、同様の目的で「人道的滞在許可制度」があります。

④ 「国内（避）難民」

今では日本でも、「難民」というと「政治的な迫害のほか、武力紛争や人権侵害などを逃れるために国境をこえて他国に庇護を求めた人びと」をさすようになっています。でも、他国に逃れられずに国内に避難している人たちもいます。紛争などによって家を追われたけれど、国内にとどまっているか、または、国境をこえられずに避難生活を送っている人びとのことを、「国内難民」または「国内避難民」とよんでいます。

国内（避）難民も、難民と同様に援助なしには生活できません。国内で援助がなければ、彼らは国境をこえて、難民となっていくといわれています。UNHCR（→p7）では「難民と国内避難民の苦境は同質であることが多いので、共通の支援対策をとることが最も現実的である」とし、「国内の避難先からもどり、新しい生活をはじめようとする人々も、UNHCRの支援対象者」としています。

イラク北部のモスル地区から逃れ、近くの国内のキャンプ地でくらす子どもたち。

スーダン西部のダルフールにある国内避難民用キャンプで過ごす子どもたち。

2 各国の難民流出の実情

UNHCRによると、2017年に新たに移動を強いられた人の数は**1620万人**で、そのなかでもいちばん深刻なのが**シリア難民**です。その数は、難民、国内避難民あわせて、**1200万人**にのぼっているといいます。

1 世界の難民の数

OCHA（国連人道問題調整事務所）によると、世界の難民人口は現在、第二次世界大戦後最多となっています。そのうち、シリア難民が最大で、また、半分近くがシリアとアフガニスタン、南スーダンの3つの国から逃げだした難民です。

● 難民・国内避難民の数
難民数：2540万人
国内で避難を余儀なくされた人の数（国内避難民）：4000万人
難民認定を申請している人の数：310万人

■ 難民のおもな出身国
■ 難民のおもな受け入れ国

OCHA（国連人道問題調整事務所）とは？

OCHAは、国連事務総長が直接率いる国連事務局の一部として、自然災害や紛争などにより、もっとも弱い立場に置かれている人びとの命と尊厳を守るために1998年に設立された。各国政府やほかの国連機関、赤十字、また国際NGOなどと連携し、緊急・人道支援活動の具体的調整、必要な資源の確保、円滑かつ効果的な支援活動を進めている。そのための情報管理、啓発・理解促進、そして国際的な人道課題に関する政策形成もになっている。また、国内で避難を余儀なくされている人びとや、戦闘にまきこまれた一般市民を守るのもその使命としている。本部は、ニューヨークとジュネーブに置かれている。

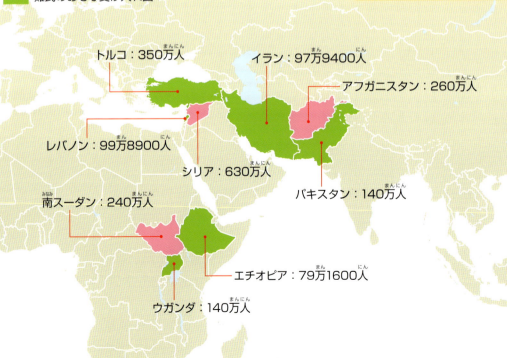

トルコ：350万人
イラン：97万9400人
アフガニスタン：260万人
レバノン：99万8900人
シリア：630万人
パキスタン：140万人
南スーダン：240万人
エチオピア：79万1600人
ウガンダ：140万人

レバノンの学校の教室で授業を受けるシリアの子どもたち。

❷ シリア難民の背景

　2010年の年末から中東や北アフリカの国ぐにで、独裁政権に反対して民主化を求める運動が次つぎと起こりました（アラブの春）。シリアでも2011年3月から独裁政権に対する反政府デモが発生。それを政府が武力で弾圧、内戦へと発展しました。その後、反政府勢力の内部抗争が起こり、その上、シリアで勢力を拡大するIS（イスラム国→p28）に対し、アメリカなどの有志連合（→p30）が空爆をおこなったことから、シリアの人びとは、国外に逃げださざるを得なくなりました。

　UNHCR（→p7）は2017年6月19日、「世界じゅうにいる難民や難民申請者、国内で住まいを失った避難民（→p8）の合計が、昨年末時点で過去最高の推計6560万人にのぼった」とする報告書を発表しました。そのなかで「2015年末時点とくらべて30万人増だったが、500万人増えた2014年末からの1年間とくらべると小幅の増加となった」と記しました。

　一方、世界の紛争・災害・自然災害の状況と、そこでおこなわれている人道支援の状況を定期的に発表しているOCHAも2017年6月15日、最新のシリアの状況について発表しました。

　OCHAによると2016年時点で、シリア難民の数は約510万人、国内避難民は約650万人にものぼり、シリア国内では1350万人が人道支援を必要として、900万人が食料支援を、また、610万人が教育支援を必要としているといいます。

　こうしたシリア難民のうち、海外へ逃れようとする人たちの大部分は、トルコやヨルダンなど近隣の国にいきますが、そのなかでも比較的お金がある人たちは、ヨーロッパへ向かおうとします。とくに多いのがドイツです（→p19）。

■シリア

面積18万5000km²、人口2240万人、首都はダマスカス。1946年にフランスから独立した西アジアの国。
1970年　国内少数派（イスラム教アラウィー派）出身のハーフェズ・アサド大統領が長期政権を維持。
2000年　父の死により、バッシャール氏が政権をにぎるように。アラウィー派を優遇する政策をとる。
2011年3月　アラブの春勃発。スンニ派による反政府運動が激化。さらにISの台頭で情勢が悪化。

③ アフガニスタン難民の背景

2001年から続いたアフガニスタン紛争（→p30）が2014年に終結。住んでいた場所を追われ、難民となった人の数は約260万人にのぼると推定されています。

その後しだいにアフガニスタン軍などにより治安がとりもどされてきましたが、近年、ISやタリバン（→p28）の影響がアフガニスタン国内にも広がって治安が悪化しています。反政府勢力の支配する地域が、1年で約2倍に拡大。その後も難民を生みだしています。

■アフガニスタン
面積65万2225km²、人口2916万人、首都はカブール。中央アジアの中部に位置する国。国民のほとんどがイスラム教徒。
1973年　王朝崩壊、共和制に移行。
1978年　軍部クーデターが起こり、政権交代、社会主義国となる。
1979年　ソ連が侵攻。1989年に撤退。
1996年　タリバンが首都カブールを制圧（1999年までには国土の9割を支配）。
2001年　アメリカがアフガニスタンを攻撃。タリバン政権崩壊。
2004年10月　第1回大統領選挙がおこなわれる。
2014年9月　第3回大統領選挙（2014年3月）時の混乱を経て国家統一政府が発足。

④ 南スーダン難民の背景

難民を多く出した国の第3位の南スーダンは、2013年末から内戦状態が続いていました。2015年夏に周辺国の仲介で、和平合意が成立しましたが、すぐに戦闘が再発。国連は、南スーダンで民族浄化がおこなわれていると判断しました。

「民族浄化」とは、特定の民族の人たちを大量に殺したり、外へ追いだしたりして、その国（地域）を、自分の民族だけにしようとすることです。こうした状況をもたらしたおもな要因は、キール大統領派とマシャール前大統領派との対立だといわれていました。しかし、その背景には民族対立があって、さらにその対立には、キリスト教とアフリカの伝統宗教との対立もからんでいるとも指摘されています。こうしたなかで、大量の難民が発生してしまいました。

■南スーダン
面積64万km²、人口1258万人、首都はジュバ。東アフリカ大陸の北東部に位置する国。2011年にスーダン共和国から独立。
1955年　南部スーダンが独立を求め、第1次スーダン内戦勃発。
1972年　南部スーダンに一部自治権をあたえる「アディスアベバ和平合意」を締結。
1983年　アディスアベバ和平合意が守られず、第2次スーダン内戦勃発（アフリカで起きた最長の内戦となる）。
2005年　南北包括和平合意署名により、停戦。
2011年7月　南スーダン共和国独立。
2013年12月　政府側と反政府勢力が衝突。
2015年8月　政府側と反政府勢力が停戦合意。
2016年7月　首都ジュバで一時情勢悪化。

紛争が続くアフガニスタン国内で衣類の配給をまつ子どもたち。

パレスチナ難民とクルド人難民

ヨーロッパから見て、極東と近東のあいだの地域を「中東」といいますが、現在は、トルコやイラン、イラク、アラビア半島諸国などがあります。ここは昔から大量の難民を出してきました。

中東の地図。

■ シオニズムとパレスチナ難民

ユダヤ教を信じるユダヤ人がくらすエルサレムは、古代から「シオン」とよばれてきました。しかし、紀元前1世紀、キリスト教国であるローマ帝国が侵攻すると、ユダヤ人はシオンを追われ世界じゅうへ広がっていきました。

ところが、ユダヤ人がイエス・キリストを十字架にかけた罪人だと信じるキリスト教世界では、ユダヤ人はどこへいっても迫害されたのです。そこでユダヤ人は、「自分たちの国をつくらないかぎり生きていけない」という思いを強くいだくようになり、ユダヤ人国家の設立をめざしました。その場所が、パレスチナでした。そして、世界じゅうで「シオン（エルサレム）にもどろう」という回帰運動（シオニズム）が起こり、19世紀の後半から、世界各地のユダヤ人がパレスチナへ移りすんできたのです。

第二次世界大戦が終わった3年後の1948年、ついにユダヤ人は自分たちの国をつくりました。イスラエルです。しかし、今度はイスラエルからパレスチナ人が追いだされてしまったのです。このとき、多くのパレスチナ人が故郷を追われ「パレスチナ難民」となりました。

なお、パレスチナ難民は、1967年の第3次中東戦争でイスラエルが支配地域を広げたときにも、大量に発生しました。その数は、400万人以上といわれています。

■ 独自の国家をもたない世界最大の民族・クルド人

クルド人がくらす地域は、もともとオスマン帝国＊の一部で「クルディスタン（クルド人の土地）」とよばれていました。第一次世界大戦でオスマン帝国が消滅。クルディスタンは、中東の国ぐに（イラク、トルコ、シリア、イラン）などに分断され、それぞれの国で権利の制限や不平等なあつかいを受けながらくらしてきました。

クルド人は、クルディスタンのほか、世界じゅうに移民や難民として広がり、現在その数は約3000万人いると推定されています。日本にも2017年時点で、2000人ほどがくらしています（埼玉県南部の蕨市周辺にはその7割近くがいる）。

一方、イラクに住むクルド人は、サダム・フセイン（1937〜2006年）政権のもとで徹底的な弾圧を受けていましたが、イラク戦争の際、アメリカなどに味方してフセイン政権の打倒に協力したことから、2006年、イラク国内にクルド人自治区の設立がみとめられました。ところがその後、クルド人自治区がイラクからの独立を求めるようになると、イラク政府だけでなく、トルコ、シリア、イランの政府も、クルド人の独立国家建設に強く反対。アメリカやロシア、国連までもが反対したのです。その理由は、各国のクルド人がそこへ流入すると、中東はもとより国際情勢が不安定になり、難民が増えるおそれがあるからだといいます。

●独立反対理由の例

| イラク政府：北部に独立国ができることで、国内が分断されてしまう。また、北部の原油産出都市の支配権をめぐって自治区と対立中で、独立されると支配権を失うおそれがある。 | クルド人が多いトルコなど：イラクで独立が成立すると、自国でもおなじことが起きる可能性が出てくる。 | ヨーロッパ・アメリカなど：中東の不安定化につながり、ISとの戦闘で大きな役割をはたしてきたクルド人が独立することで、今後の戦闘計画に悪影響が出るおそれがある。 |

＊**オスマン帝国** 13世紀末、トルコ系の人びとが小アジアに建てた国。その領土はやがてヨーロッパやアフリカにまでおよび、16世紀には世界最大の帝国として君臨した。しかし17世紀以降は勢いがおとろえ、20世紀初頭の第一次世界大戦の敗北後、混乱のなかで1922年に起きた革命によって滅亡した。

地図で見る難民発生状況

ここでは、世界の難民と国内（避）難民のようすを地図であらわしてみました。

● UNHCRが支援する世界の難民・国内避難民数（2017年12月31日時点）
※自然災害による強制移動の人数はふくまない。

 100万人

ヨーロッパ：571万2745人

パレスチナ：534万443人

アジア：2489万2291人

アフリカ：2199万225人

オセアニア：10万9473人

● 世界の難民・国内（避）難民の全体像

UNHCRの支援対象者となる難民数	1994万1347人
UNRWAの支援対象者となる難民数	534万443人
難民の合計数	2528万1790人
庇護申請者数	309万898人
紛争などによる国内避難民	3911万8516人
難民、庇護申請者数、国内避難民の合計	6749万1204人

*UNRWA 国連パレスチナ難民救済事業機関。パレスチナ難民を救済する目的で1949年に設立した。

北アメリカ：108万6502人

「難民キャンプ」といっても、テントがならべられたものから、人が増えて町のようになっているものもある。写真はどちらもレバノンの難民キャンプ。

ラテンアメリカ・カリブ諸国：835万9525人

出典：UNHCR「年間統計報告書（2017）」

3 難民の受け入れ義務と現在

現在の国際法では、「移民」はどの国も受け入れる義務がないとされていますが、一方の「難民」の場合、とくに「難民条約」に参加している国は、自国にやってきた難民の滞在を許可する義務があります。

ポーランドの住宅街。壁に「ストップ・イスラム」と書かれ、イスラム教を信じる難民の受け入れに反対することを示している。

① 国連の見解

EUでは2015年9月22日、加盟国が分担して、難民12万人を受け入れることを決定しました。でもその決定は、反対派の国（チェコ、ハンガリーなど）の声を賛成派の国が多数決でおしきったかたちであったために、EU内で新たな対立が生じてしまいました。

さらに近年、イギリス、ドイツ、デンマークなど、これまで難民を多く受け入れてきたヨーロッパの国ぐにでも、増えつづける難民に反対する人が増加。集会やデモをおこなったり、難民を襲撃する事件が発生したりしています。

これを受けて、UNHCR（→p7）のフィリッポ・グランディ国連難民高等弁務官は、「難民・避難民の問題が世界の最貧国の多くにとって重荷になっている」と警告した上で「難民・避難民の84％が低・中所得国に集中している」「よりゆたかな国が拒否するのなら、資源がずっとかぎられたアフリカや中東、アジアの国ぐにに何百万人もの難民を受け入れるようどうやって求めることができるのか」（2017年6月19日の談話）と指摘しています。UNHCR、すなわち国連は、すべての先進国は難民を受け入れなければならないといっているのです。

2 シリアの隣国では？

2014年末の時点ですでにシリアは、総人口の約半数が国外へ逃れ難民になったり、国内避難民(→p8)となったりしたといわれています。しかも、その後も、難民・国内避難民の数はどんどん増加しています。

そうしたシリアの難民のおもな避難先は、地続きの周辺国であるトルコ、レバノン、ヨルダン、イラク、エジプトの5か国となっています（この5か国でシリア難民の9割をかかえている）。トルコだけで、300万人以上のシリア難民を受け入れています。また、レバノンでは、全人口の4人にひとりがシリア難民という状況になっています。

しかし、難民の急増で周辺国の難民キャンプがいっぱいとなり、あふれた難民のなかには、ヨーロッパをめざす人も増えています(→p18)。

トルコのシュリュジュの難民キャンプは、テント生活。

レバノンの難民キャンプで歌を歌う子どもたち。表情は明るいが……。

8万人以上が住むヨルダンの難民キャンプ。

イラクのクルディスタン地域の難民キャンプ。

4 ヨーロッパの難民受け入れ状況

ヨーロッパへは、これまでに陸から、海からと、どんどん難民がやってきています。ヨーロッパに流入する難民の最多流出国はシリアで、次がアフガニスタン、そのほかアフリカの国ぐにとなっています。

1 陸路と航路

シリアなどからヨーロッパへの陸路のルートは、常に変化しています。なぜなら、難民がおしよせる国ぐにの政府が、さまざまな対策をうちだして、難民の流入をくいとめようとしているからです。

❶の地図のオレンジの矢印は難民の流れ、赤の線は、国境にもうけられたバリアです。

❷の地図は、航路で西アジアやアフリカからヨーロッパをめざす難民のルートを示すもの。難民は、さまざまなルートでヨーロッパをめざします。青の丸は、難民が到着する地点で、丸の大きさは流入数の多さを示しています。

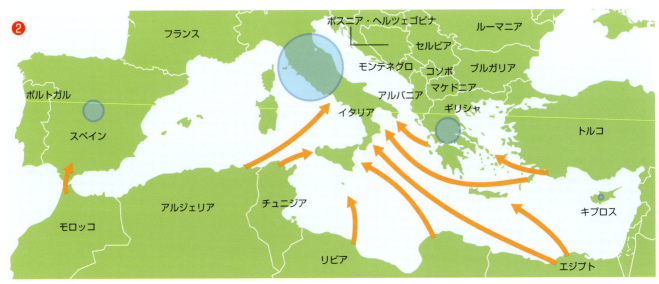

トルコからギリシャへ渡ろうとする難民。地中海ルートでやってくる難民の数は2016年をピークに減少傾向にある一方で、2018年6月では、7人にひとりという高い割合で死者が出ている。

② なぜドイツをめざすのか？

多くの難民はドイツをめざします。その理由は、ドイツは受け入れだけでなく、難民の生活支援に積極的だという情報が難民たちのあいだに広がっているからです。実際ドイツは、かつてのナチス・ドイツ（→p30）がユダヤ人などを迫害したことへの反省から、難民を積極的に受け入れています。

60億ユーロ（約8000億円）を拠出し、難民の収容施設や給付金の支払い、ドイツ語教育などの保証をしてきました。そうしたことが、難民にとっては大きな魅力となっているのです。でも、シリアからドイツへいくのには、相当なお金がかかります。そこには、「越境請負業」という業者の暗躍があります。

ドイツのミュンヘンでおこなわれた難民の受け入れを歓迎するデモ。

もう一歩つっこんで考える！ シリア人悪徳請負業者

「越境請負業」なる商売がある。これはお金をとって、ヨーロッパへ逃げていくのを補助するというもの。シリア難民を標的とするシリア人悪徳請負業者も多い。法外に高額な値段を要求したり、トルコからギリシャへ向かうゴムボートに、定員の2倍以上の人を乗せたり、安全はまったく保障されていない。行方不明になったり命を落としたりする人も少なくないのが現実だ。

3 最近のドイツの状況

2015年大晦日、ドイツ・ケルンの駅前広場で、多数のアラブや北アフリカ系の男たちが、女性をおそってお金やスマホをうばうといった事件が起こりました。被害届は800件をこえたといいます。その後、犯人たちの多くがドイツで保護されていた難民であることが判明しました。

近年ドイツでは、このような難民の関係する犯罪が増え、社会不安が拡大しています。その結果、難民に対し反感をもつ国民が急激に増加しています。

政府もメディアも「難民だからといって、偏見をもってはいけない」などといってきました。しかし、チュニジア難民が2016年の12月19日、ベルリンの「クリスマス市」の人ごみにトラックでつっこみ、計60人以上もの市民を殺傷する事件が起きると、「難民のうち犯罪者が多いのは圧倒的に北アフリカ系である」「本来なら祖国に強制送還するべきである」などといった論調が、メディアで報道されるようになりました。

ドイツでは、2015年に難民のおしよせる波がピークに達しましたが、その時期に凶悪犯も国内に入りこんできたといわれています。

政府の発表によって、2016年に難民にかかった経費が200億ユーロに達したとか、国民の税金がどれだけつかわれている（衣食住、教育、医療など）とかいったことも、国民が知るようになり、難民に反感をもつ国民も増えてきているといいます。

大晦日の事件を受け、ドイツのケルンで難民の受け入れ反対のデモをおこなう人たち。
写真：ロイター/アフロ

ハンガリーとセルビアの国境に設置されたフェンス。

④ EU加盟国内での温度差

　EU加盟国のうちハンガリーやチェコなどは、これまで難民の受け入れについて、きびしい姿勢をとってきました。

　これらの国ぐには、異民族と共存した経験が少なく、その上、国民はキリスト教徒がほとんどで、イスラム教徒の難民に対してとくに抵抗があるといわれています。

　ヨーロッパへの玄関口に位置するハンガリーでは、難民をくいとめるために、陸のルートになっているセルビアとの国境に約175kmにもおよぶフェンスを建設しはじめました。フェンスに近づく難民に対して、催涙ガスや水を放つこともあります。

　チェコの場合、2017年におこなわれた国政選挙の結果、反難民政策を強くうちだした政党が勝利。このようにEU加盟国では、近年、反難民・反移民政策を声高く主張する政党が、国民の支持を得るようになってきています。

　EUは、一度は人道的見地を前面にうちだし、難民12万人を加盟国で分担して受け入れることを決定（→p16）しました。しかし、自分たちとことなる宗教、文化圏の難民がどんどんやってきて、しかもイスラム過激派（→p28）までがまぎれこんできたことで、人道的に難民を受け入れるか、国境を閉鎖して入国拒否するか、それぞれの国で、大きな議論となっています。スロバキアの首相が「わが国はキリスト教徒の難民ならば受け入れる」と発言したように、難民問題と宗教問題とがからみあって、現在、それぞれの国の状況には、ちがいが生じています。

5 日本の難民受け入れ

難民の受け入れについて、もっとも消極的な国は日本だといわれていますが、積極的に受け入れてきたヨーロッパも、近年受け入れを制限しはじめました。そんななか、日本は今後どうしていくのでしょうか。

① 日本も難民を受け入れていた!?

ベトナム戦争(→p30)後、混乱を逃れて母国を小船で脱出し、漂流のはてに流れついたボート・ピープルを日本は受け入れてきました。また、2010年からアジアではじめて、「第3国定住(→p30)」による難民の受け入れを試験的に開始し、タイの難民キャンプでくらしていたミャンマー難民を2014年までの5年間に18家族、計86人受け入れたという経験があります。

このように日本は、2005年までの約30年間には1万1000人以上の難民を受け入れてきました。ところが、2017年には、1万9629人から難民申請が出されながら、政府がみとめたのは、わずか20人で、受け入れ比率は約0.2%でした。これは、OECD（経済協力開発機構→p30）の加盟国中で最低水準でした（たとえばフランスは14.5%、ドイツは25.1%）。

しかも日本は1981年に難民条約に加盟したにもかかわらず、2014年までの「条約難民（難民条約の定める用件に該当する難民）」は、わずか約600人あまりでした。こうしたことから、日本は国際社会から難民を受け入れようとしていないと批判されています。ただ、難民をよそおって日本に働きにこようとする人が多いのも事実。日本政府の苦慮もうかがわれます。

ベトナムからのボート・ピープル。

ボート・ピープル

日本にはじめて難民がやってきたのは、1970年代後半に発生したインドシナ難民だった。1975年のベトナム戦争終結後、1978年にベトナム、ラオス、カンボジアの3国で、それぞれの新政治体制による社会不安や迫害をおそれた300万人以上が、ボートや陸路で国を脱出。そのなかの小船に乗って海を渡る人たちが「ボート・ピープル」とよばれた。日本へのボート・ピープルは、以前はインドシナ難民がほとんどであったが、最近は経済難民(→p8)と思われる中国からの偽装難民も急増している。

② 今の日本の難民事情

ヨーロッパの各国で頻発するイスラム過激派（→p28）による銃撃や自爆テロなどのニュースが伝わるたびに、日本国内では、難民受け入れに対する国民の恐怖心があおられてきています。

難民支援を支持したい気持ちはあるものの、それ以上に不安の気持ちが大きいという国民の声が多くなっているといわれています。

一方、人道的見地から、難民受け入れをすべきという意見の人でも、日本はまだ難民の衣食住や仕事に関する支援体制が整っていないことを心配しています。

> **もう一歩つっこんで考える!**
>
> **トルコからの難民**
>
> 現在日本へ難民申請する人たちを国籍別に見ると、トルコからの難民申請者は6番目に多い（2017年）。しかし、トルコに住むクルド人（→p13）については、日本政府は難民とみとめていない。なぜなら、日本がそのクルド人を難民認定した場合、トルコ政府がクルド人を迫害しているとみとめることになるからだ。これまで日本とトルコの関係は良好だったことから、この関係をそこなうことができない、と政府は考えている。しかし、トルコをはじめ各国にいるクルド人がさまざまな迫害を受けているのはたしかなのだ。

●国籍別難民認定申請者の推移

2015年 7586人
- その他 1005人
- インド 229人
- バングラデシュ 244人
- パキスタン 295人
- フィリピン 299人
- スリランカ 469人
- ベトナム 574人
- ミャンマー 808人
- トルコ 926人
- インドネシア 969人
- ネパール 1768人

2016年 1万901人
- その他 1329人
- パキスタン 289人
- カンボジア 318人
- インド 470人
- ミャンマー 650人
- スリランカ 938人
- ベトナム 1072人
- トルコ 1143人
- フィリピン 1412人
- ネパール 1451人
- インドネシア 1829人

2017年 1万9629人
- その他 1904人
- パキスタン 469人
- インド 601人
- カンボジア 772人
- ミャンマー 962人
- トルコ 1195人
- ネパール 1451人
- インドネシア 2038人
- スリランカ 2226人
- ベトナム 3116人
- フィリピン 4895人

参考：法務省「H29における難民認定者数等について」

③ 日本政府の難民への取り組み

　日本政府は、難民に対する人道支援を国際貢献の重要な柱の1つと位置づけています。たとえば、UNHCRに対しては世界で第2位の資金拠出国（2013年）となり、JICA（国際協力機構→p30）を通じて、スーダン、アフガニスタン、カンボジアや東ティモールなどで、故郷に帰った難民や国内避難民が平和で安定した生活を送ることができるように支援してきました。

　また、2000年には日本政府の支援により、UNHCR駐日事務所に国際人道援助緊急事態対応訓練地域センターを開設。ここでは、おもにアジア・太平洋地域の国際機関、NGO、政府などの職員を対象に、人道支援の現場での安全確保のための訓練を実施してきました。

　このように、日本は実際の難民の受け入れ人数は少ないけれど、国際社会において、難民問題には積極的に取り組んでいる、というのが日本政府の主張です。

　日本政府は「難民支援に対する取組は、UNHCRより高く評価されており、UNHCRのトップ

スーダンで勃発した紛争の末、南スーダンが独立。しかし、情勢は安定せず、国内避難民や難民を生んだ。写真は、国連と協力して自衛隊が給水支援をおこなっているようす。
写真：陸上自衛隊

である国連難民高等弁務官は、毎年来日して日本政府と難民政策に関する意見交換を緊密に行っています」とも主張しています。

また、1991年から2000年にかけて、国連難民高等弁務官としてアフガニスタンなど数多くの難民問題に尽力したのは、JICA理事長もつとめた日本人の緒方貞子さんだったことなども強調しています。現在も日本の難民支援において、JICAが、UNHCRなどの国際機関やNGOと連携しながら、緊急の人道支援などさまざまな支援をおこなっている、と政府は説明しています。

4 日本政府のうったえとその反応

外務省は、ホームページで国民に対して「官民の力を合わせて多彩でシームレスな難民支援を！」とうったえています。

> 2010年、日本の国際NGO6団体が、UNHCRと共にスーダン、ミャンマーなど海外の難民支援の現場で活動しました。また、民間企業と共同でリサイクルに取り組み、難民キャンプへ届ける学校が現れるなど、国内の教育機関や民間企業がそれぞれのスタンスで難民支援を実施するケースが増えてきました。また、日本のNGOが海外において迅速で効果的な緊急人道支援を行えるように、NGO、経済界、政府が共同して設立したジャパン・プラットフォーム（JPF）を通じて、NGOがスーダンやアフガニスタン、スリランカなどで難民・国内避難民を支援する活動を実施しています。今、国際社会が注目する日本の難民支援。今後も日本は、様々な角度から難民問題解決への努力と挑戦を続けていきます。
>
> （外務省ホームページより）

しかし日本が難民を積極的に受け入れていないのでは、いくら日本政府が努力しているといっても国際社会は納得しないでしょうし、日本国民のなかにも、政府はきれいごとしかいっていないと批判する人もいます。

日本にはインドシナ難民（→p22）の受け入れからすでに約2万5000人の難民とその子どもたちがくらしています。日本政府は、そうした難民の人たちが、どのような問題をかかえているのかなどを調べた上で、今後の難民受け入れ体制をつくるべきだといった意見もあります。

難民問題への世界の取り組み

難民問題は、世界各国で事情が大きくことなっています。
しかし、世界が1つになって解決への道を探っていかなければなりません。
ここでは、難民問題の解決をめざした
世界の動きを2つ見てみましょう。

■ 世界難民の日

2000年12月4日、国連総会決議で6月20日が「世界難民の日」として制定されました。これには、次の目的があります。

- 難民の保護や援助に対する世界的な関心を高めること
- 難民支援をおこなう国連機関やNGOの活動や支援への理解を深めること
- 故郷を追われた難民の逆境に負けない強さや勇気、忍耐強さに対して敬意をあらわすこと

じつは6月20日という日は、もともとOAU（アフリカ統一機構→p30）の「アフリカ難民条約」発効を記念する「アフリカ難民の日」でしたが、アフリカにかぎらず世界的に深刻化している難民問題に注目し、「世界難民の日」として定められたという背景があります。

現在この日は世界じゅうの人びとが難民問題をより意識する日となっていて、世界じゅうでさまざまな関連イベントやキャンペーンが開催されています。日本でもUNHCRやNGOなどが、毎年さまざまなイベントをおこなっています。

世界難民の日に、希望の象徴とされる青色にライトアップされた東京タワー。
写真：共同通信社/ユニフォトプレス

2018年6月に東京都の渋谷駅前でおこなわれたUNHCRによる世界難民の日のイベント。

オリンピック・リオデジャネイロ大会の開会式で入場する難民選手団。
写真：ロイター／アフロ

● 2016年の難民選手団のプロフィール

名前	出身	種目
イエーシュ・ピュール・ビエル	南スーダン	陸上競技　男子800メートル
ジェームス・ニャン・チェンジェック	南スーダン	陸上競技　男子800メートル
パウロ・アモトゥン・ロコロ	南スーダン	陸上競技　男子1500メートル
ヨナス・キンド	エチオピア	陸上競技　男子マラソン
ラミ・アニス	シリア	競泳　男子100メートルバタフライ
ポポレ・ミセンガ	コンゴ民主共和国	柔道　男子90キロ級
ローズ・ナティケ・ロコニエン	南スーダン	陸上競技　女子800メートル
アンジェリーナ・ナダイ・ロリハス	南スーダン	陸上競技　女子1500メートル
ユスラ・マルディニ	シリア	競泳　女子100メートル自由形・バタフライ
ヨランデ・マビカ	コンゴ民主共和国	柔道　女子70キロ級

■「難民選手団」

2016年のオリンピック・リオデジャネイロ大会では「難民選手団」が結成され、世界の注目を集めました。これは、難民の選手たちによるチームです。開会式では、オリンピック旗をかかげたローズ・ナティケ・ロコニエン選手（南スーダン出身）を先頭に、難民選手団がスタジアムに入場すると、大きな歓声と拍手がひびきわたりました。そして、「Refugee Olympic Team（難民オリンピック選手団）」とアナウンスされると、一段と大きな歓声がわきました。

フィリッポ・グランディ国連難民高等弁務官は、次のように語りました。

「難民選手団の入場をまちながら、わたしはとても緊張していました。期待とともに、この巨大なスタジアムの大観衆が、難民の選手たちをどんなふうにむかえるのだろう、という思いだったのです。みんな立ちあがって拍手を送ったのは、単にブラジル一か国だけでなく、世界じゅうが連帯する力強さを物語っていました」

この事実は、世界じゅうが難民問題に興味関心があって、なんとかしなければならないと思っている人が多いことを示しました。また、難民問題への対応にゆれる国際社会に対しても、力強いメッセージとなりました。

さまざまなイスラム過激派

現在、難民を受け入れていたヨーロッパの国ぐにがしだいに制限するようになった原因の1つとして、イスラム過激派の自爆テロなどの犯罪が増加してきたことがあげられています。この本の最後は、イスラム過激派についてまとめてみます。

■イスラム原理主義と過激派

イスラム教は7世紀はじめにアラビア半島のメッカで、預言者ムハンマドが広めた宗教です。イスラム教徒は、唯一の神（アッラー）を信じ、神からムハンマドにくだった「啓示」にもとづいて生活してきました。ところが近年、イスラム教徒の多い国ぐにのなかで、ヨーロッパの考え方や文化を取り入れる国が出てきました。すると、その風潮に対して、「イスラムの本当の教えを忘れている」と考える人たちがあらわれ、「イスラム教の原点にもどれ」とうったえたのです。この考え方や運動が「イスラム原理主義」。「イスラム原理主義」自体は、本来のイスラム教にもとづいた生活をしようとうったえるもので、決して暴力的なものではありません。しかし、彼らの一部に自分たちの理想を武力で実現させようとするものが、自爆テロなど過激な行動をとるようになったのです。これらが、イスラム過激派とよばれています。近年、世界各地で事件を起こしているIS（イスラム国）は、イラクを拠点とする国際テロ組織アルカイダ系の過激派組織でした。2014年にイラク北西部からシリア東部の一帯でイスラム国家の樹立を宣言しましたが、国際社会は、ISを国としてみとめていません。

そのほかのイスラム過激派組織の例は下記です。
- アルカイダ：中東を中心に活動する組織。1988年ごろに設立されたとされる。2001年9月のアメリカ同時多発テロをはじめ、アメリカやヨーロッパの国ぐにに対する数多くのテロを起こしている。

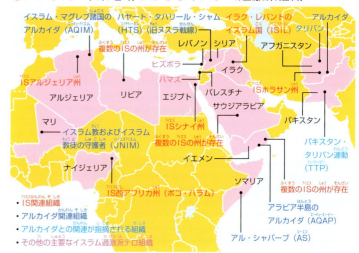

●アフリカ・中東地域のおもなイスラム過激派組織

現在活動をしているイスラム過激派組織の例。
出典：防衛省「平成30年版防衛白書」

- ボコ・ハラム：ナイジェリア北部を中心に活動する組織。2002年ごろに設立されたとされる。2013年にフランス人拉致事件、2014年には女子学生200人を誘拐する事件、2015年に自爆テロを起こした。
- タリバン：アフガニスタンを中心に活動する組織。1994年、イスラム神学生らが設立したとされる。厳格なイスラム法による支配をめざし、アフガニスタン政府に対するテロをおこなっている。
- ヒズボラ：レバノン南部を中心に活動する組織。1982年ごろに設立されたとされる。おもにイスラエルに対するテロを起こしている。
- ハマス：パレスチナのガザ地区を中心に活動する組織。1987年ごろに設立されたとされる。現在イスラエルの占領下にあるパレスチナの解放をめざしている。

難民問題、わたしたちにできること

難民問題について理解しつつも、多くの外国人が日本におしよせてくることには、さまざまな心配や負担の懸念があるのはしかたないかもしれません。それでも、わたしたちになにができるのかを考えることが必要なのです。

● 学ぶこと

　難民は、母国が平和になれば母国に帰れます。しかし、平和がとりもどせたとしても、あれはてた国が再建され、難民がもとの生活にもどれるまでには、長い時間が必要です。そのあいだも、難民となった人たちは生きていかなくてはなりません。

　一方、日本が難民を受け入れ、彼らの生活をささえていくことができるようになるには、まだまだ時間がかかると見られています。

　こうしたなか、世界じゅうの難民のために日本はなにができるのでしょうか。日本政府は、24ページに記したように、難民が衣食住を満たせるようにさまざまな援助をしているといっています。でも、難民の受け入れには、いまだ消極的です。そうした日本にくらすわたしたちには、なにができるのでしょうか。

　まずは、世界の難民についてもっとよく理解していくことです。今後日本政府がより多くの難民を受け入れることも十分に考えられます。そうなった場合、わたしたちは、やってくる難民の文化や習慣、宗教などを知っておかなければなりません。

　当初積極的に難民を受け入れたヨーロッパの国ぐにが、しだいに門戸を閉じていった歴史を学び、おなじようなことにならないよう、わたしたちは、難民についてもっとよく学ばなければなりません。

● 話しあうこと

　現在、難民の受け入れについては、下に示すように、日本国民のなかでも賛否がわかれています。これらの意見を参考にして、わたしたちも、難民について話しあっておく必要があるのではないでしょうか。

● 受け入れ賛成派の意見
- 少子高齢化による労働人口の減少が深刻な問題になっている日本が経済成長をしていく上で、難民の労働力に期待せざるを得ない。
- 人道的責任をはたすことは、国家としての信用や発言力を高める。

● 受け入れ反対派の意見
- 難民の支援には莫大な費用がかかる。
- 文化的摩擦や衝突にともなう犯罪の増加やテロの危険性も否定できない。

UNHCRによる難民映画祭は、「知ることが支援につながる」として、年に1回開催されている。

用語解説

本文中の覚えておきたい用語を五十音順に解説しています。

●アフガニスタン紛争……………………p12
2001年、アメリカ同時多発テロの実行犯とされる国際テロ組織アルカイダのオサマ・ビン・ラディンをかくまったとして、アメリカとイギリスの軍隊がアフガニスタンを攻撃してはじまった紛争。

●OECD（経済協力開発機構）……………p22
先進国が経済、貿易、途上国支援などを協議することを目的とした国際機関。第二次世界大戦により混乱状態にあったヨーロッパの経済を活性化させるため、アメリカによって1948年に設立されたOEEC（ヨーロッパ経済協力機構）が前身。1961年にOECDとなる。2018年現在ヨーロッパ諸国とアメリカのほか、日本、韓国、チリなど36か国が加盟している。

●OAU（アフリカ統一機構）………………p26
1963年に発足。アフリカ諸国の政治的・経済的な統合の実現および紛争の予防・解決を目的とする。2002年にAU（アフリカ連合）へと発展。AUには現在アフリカの55の国と地域が加盟している。本部はエチオピアにある。

●JICA（国際協力機構）…………………p24
発展途上国への技術協力、資金協力をおもな業務とする外務省所轄の独立行政法人。2003年に設立された。

●第3国定住………………………………p22
すでに母国を逃れて難民となっているが、一次避難国では保護を受けられない人を他国（第3国）が受け入れる制度。日本では2010年より第3国定住による難民の受け入れを開始している。

●ナチス・ドイツ…………………………p19
アドルフ・ヒトラーおよびナチス（ドイツの政党）支配下の、1933～1945年のドイツのこと。ナチスは、反民主・反共産・反ユダヤ主義をかかげて、国民の生活を統制する独裁政治をおこなった。

●ベトナム戦争……………………………p22
第二次世界大戦の影響で、1954年に南北に分断されたベトナムの独立と統一をめぐる戦争。1975年に終結した。

●補完的保護………………………………p8
難民条約の解釈によっては難民と認定されないものの、各種の理由から母国への帰還が可能でないか望ましくない人を対象とした保護。

●有志連合…………………………………p11
国連の規定するPKO（国際平和維持活動）にとらわれず、平和維持活動や軍事介入をおこなう国際連携関係。日本においては、「対テロ戦争参加諸国」に使用されることが多い。

さくいん

あ

IS（イスラム国） …………… 11, 12, 13, 28
アフガニスタン難民 ……………………… 12
アフガニスタン紛争 …………………… 12, 30
アラブの春 ………………………………… 11
アルカイダ …………………………… 28, 30
EU（ヨーロッパ連合） ………… 8, 16, 21
イスラエル ……………………………… 13, 28
イスラム過激派 ………………… 21, 23, 28
イスラム原理主義 ………………………… 28
インドシナ難民 ………………………… 22, 25
越境請負業 ………………………………… 19
OECD（経済協力開発機構） ……… 22, 30
OAU（アフリカ統一機構） ………… 26, 30
OCHA（国連人道問題調整事務所）…… 10, 11
オスマン帝国 ……………………………… 13
オリンピック・リオデジャネイロ大会 …… 27

か

クルド人 ………………………………… 13, 23

さ

シオニズム ………………………………… 13
JICA（国際協力機構） ………… 24, 25, 30
条約難民 ………………………………… 7, 22
シリア難民 …………… 6, 10, 11, 17, 19
世界難民の日 ……………………………… 26

た

第3国定住 ……………………………… 22, 30
タリバン ………………………………… 12, 28
ドイツ ……………… 11, 16, 19, 20, 22, 30

な

ナチス・ドイツ ………………………… 19, 30
難民キャンプ …………………… 17, 22, 25
難民申請 ………………………………… 22, 23
難民選手団 ………………………………… 27
難民の地位に関する条約（難民条約）
 ………………………… 6, 7, 16, 22, 30

は

ハマス ……………………………………… 28
パレスチナ難民 ………………………… 7, 13
ヒズボラ …………………………………… 28
ベトナム戦争 …………………………… 22, 30
ボート・ピープル ………………………… 22
補完的保護 ……………………………… 8, 30
ボコ・ハラム ……………………………… 28

ま

南スーダン難民 …………………………… 12
ミャンマー難民 …………………………… 22
民族浄化 …………………………………… 12

や

UNRWA（国連パレスチナ難民救済事業機関）
 ……………………………………… 7, 14
UNHCR（国連難民高等弁務官事務所）
 ……… 7, 8, 10, 11, 14, 16, 24, 25, 26
有志連合 ………………………………… 11, 30
ユダヤ人 ………………………………… 13, 19

■ **監修／池上 彰（いけがみ あきら）**

1950年、長野県生まれ。慶應義塾大学卒業後、1973年、NHKに記者として入局。1994年から「週刊こどもニュース」キャスター。2005年3月NHK退社後、ジャーナリストとして活躍。名城大学教授、東京工業大学特命教授。著書に『ニュースの現場で考える』(岩崎書店)、『そうだったのか！ 現代史』(集英社)、『伝える力』(PHP研究所)ほか多数。

■ **著／稲葉 茂勝（いなば しげかつ）**

1953年、東京都生まれ。大阪外国語大学、東京外国語大学卒業。国際理解教育学会会員。子ども向け書籍のプロデューサーとして生涯1200作品以上を発表。自らの著書は、『「戦争」と「平和」をあらわす世界の言葉』(今人舎)など、国際理解関係を中心に多数。2016年9月より「子どもジャーナリスト」として、執筆活動を強化しはじめた。

■ **編／こどもくらぶ**

「こどもくらぶ」は、あそび・教育・福祉の分野で、子どもに関する書籍を企画・編集しているエヌ・アンド・エス企画編集室の愛称。これまでの作品は1000タイトルを超す。

この本の情報は、特に明記されているもの以外は、2018年11月現在のものです。

■ **企画・制作・デザイン**

株式会社エヌ・アンド・エス企画
（佐藤道弘）

■ **写真・図版協力**（敬称略）

©Radek Procyk、
©Marcin Kadziolka | Dreamstime.com、
©DFID、©EC/ECHO/Daniel Dickinson、
©Al Jazeera、©Russell Watkins（DFID）、
©Mustafa Khayat、©Ggia、
©Délmagyarország/Schmidt Andrea、
©ISAF Public Affairs

[表紙写真]
©Sadık Güleç | Dreamstime.com
[P1写真]
©Radek Procyk | Dreamstime.com
シリア難民の家族。シリアで紛争がはじまってから難民は増加の一途をたどっている。

池上彰が解説したい！ 国民・移民・難民 ③難民って、なに？ どうして困っているの？　NDC316

2019年1月25日　初版第1刷発行

監　修	池上彰
著	稲葉茂勝
発行者	喜入冬子
発行所	株式会社筑摩書房　〒111-8755　東京都台東区蔵前2-5-3
	電話番号　03-5687-2601（代表）
印刷所	凸版印刷株式会社
製本所	凸版印刷株式会社

©Kodomo Kurabu 2019
Printed in Japan

32p／29cm
ISBN978-4-480-86463-5 C0331

乱丁・落丁本の場合は、送料小社負担でお取り替えいたします。

本書をコピー、スキャニング等の方法により無許諾で複製することは、法令に規定された場合を除いて禁止されています。請負業者等の第三者によるデジタル化は一切認められていませんので、ご注意ください。